Mineraloides

Grace Hansen

¡SÚPER GEOLOGÍA!

Abdo Kids Jumbo es una subdivisión de Abdo Kids
abdobooks.com

abdobooks.com

Published by Abdo Kids, a division of ABDO, P.O. Box 398166, Minneapolis, Minnesota 55439.
Copyright © 2020 by Abdo Consulting Group, Inc. International copyrights reserved in all countries.
No part of this book may be reproduced in any form without written permission from the publisher.
Abdo Kids Jumbo™ is a trademark and logo of Abdo Kids.

Printed in the United States of America, North Mankato, Minnesota.

102019

012020

Spanish Translator: Maria Puchol

Photo Credits: iStock, Shutterstock

Production Contributors: Teddy Borth, Jennie Forsberg, Grace Hansen
Design Contributors: Dorothy Toth, Pakou Moua

Library of Congress Control Number: 2019944041

Publisher's Cataloging-in-Publication Data

Names: Hansen, Grace, author.

Title: Mineraloides/ by Grace Hansen

Other title: Mineraloids. Spanish

Description: Minneapolis, Minnesota : Abdo Kids, 2020. | Series: ¡Súper geología!

Identifiers: ISBN 9781098200985 (lib.bdg.) | ISBN 9781098201968 (ebook)

Subjects: LCSH: Gems--Juvenile literature. | Precious stones--Juvenile literature. | Rocks--Identification--
    Juvenile literature. | Geology--Juvenile literature. | Spanish language materials--Juvenile literature.

Classification: DDC 549--dc23

Contenido

Mineraloides

Los mineraloides son parecidos a los **minerales** en muchas cosas. Incluso en apariencia. Pero los minerales son **cristalinos**. Los mineraloides no lo son.

5

Los mineraloides se dan de manera natural. ¡Son igualmente bonitos!

Mineraloides de baja-temperatura

La mayoría de los mineraloides se forman a baja **presión** y bajas temperaturas. Se pueden formar bajo la superficie de la Tierra o en ella. El ópalo es un mineraloide. Se forma en las grietas de la Tierra con la ayuda del agua.

8

9

La limonita se forma normalmente con la ayuda del agua y **minerales** ricos en hierro.

11

Mineraloides de impacto

Algunos mineraloides se forman a partir de grandes impactos. Cuando un **asteroide** choca, todo a su alrededor se funde inmediatamente. Pero también se enfría rápidamente después. Esto puede provocar nuevas formaciones.

La moldavita es un vidrio de impacto. Se formó hace 15 millones de años. Por aquel entonces, un **asteroide** chocó contra la zona conocida ahora como Europa del Este.

15

El vidrio del desierto libio se formó con el impacto de un **asteroide** hace 29 millones de años. Se puede encontrar en el desierto entre Egipto y Libia.

EUROPA

Libia　Egipto

ÁFRICA

17

Mineraloides volcánicos

Algunos mineraloides se forman a partir del **magma**. Si el magma se enfría demasiado rápido, no tiene tiempo de formar cristales. Se endurece hasta formar vidrio. La obsidiana es un vidrio volcánico de color negro y suave al tacto.

19

La pumita o piedra pómez es un vidrio volcánico áspero. Se forma a partir de **magma** en erupciones explosivas. Se enfrían tan rápidamente que las burbujas de gas se quedan atrapadas en su interior.

20

A repasar

Mineraloides de impacto	Mineraloides volcánicos	Mineraloides de baja-temperatura
 **vidrio del desierto libio**	 **obsidiana**	 **crisocola**
 **moldavita**	 **lágrimas de Pele**	 **limonita**
 **tectitas**	 **pumita**	 **ópalo**

22

Glosario

asteroride – cuerpo pequeño y rocoso, parecido a un planeta, que orbita alrededor del sol. A veces se sale de su órbita y choca contra planetas como la Tierra.

cristalino – que tiene estructura y forma de cristal.

magma – materia liquida y caliente bajo la superficie de la Tierra que al enfriarse forma rocas ígneas. Estas rocas también se pueden considerar mineraloides.

mineral – substancia formada en la Tierra pero no de un animal o una planta; por ejemplo, el oro, la plata o el hierro.

presión – fuerza mantenida, ejercida sobre un cuerpo.

23

Índice

Abdo Kids
ONLINE
FREE! ONLINE MULTIMEDIA RESOURCES

¡Visita nuestra página abdokids.com para tener acceso a juegos, manualidades, videos y mucho más!

24

Usa este código Abdo Kids

GMK5595

¡o escanea este código QR!